Impressum
Verlag: BABADADA GmbH, Nedderfeld 112 , 22529 Hamburg
Geschäftsführer / Verlagsleitung: Harald Hof
Druck: Books on Demand GmbH, In de Tarpen 42, 22848 Norderstedt

Imprint
Publisher: BABADADA GmbH, Nedderfeld 112 , 22529 Hamburg, Germany
Managing Director / Publishing direction: Harald Hof
Print: Books on Demand GmbH, In de Tarpen 42, 22848 Norderstedt

სკოლა

escola

საკლასო ოთახი
classe
გაყოფა
dividir
186/2
დაფა
tauler
სკოლის ეზო
pati (de l'escola)
მასწავლებელი
professor
ქაღალდი
paper
წერა
escriure
კალამი
estilogràfica
მაგიდა
escriptori
სახაზავი
regle
წიგნი
llibre
მოსწავლე
estudiant

ზურგჩანთა

bossa

პენალი

estoig

ფანქარი

llapis

ფანქრების სათლელი

maquineta de fer punta

საშლელი

goma

ნახატების ალბომი

bloc de dibuix

ნახატი

dibuix

ფუნჯი

pinzell

საღებავის ყუთი

capsa de pintures

მაკრატელი

tisores

წებო

cola

სავარჯიშო რვეული

quadern d'exercicis

საშინაო დავალება

deures

12

ნომერი

nombre

2+2

დამატება

afegir

5-2

გამოკლება

sostreure

2×2

გამრავლება

multiplicar

გამოთვლა

calcular

A

წერილი

lletra

ABCDEFG
HIJKLMN
OPQRSTU
VWXYZ

ანბანი

alfabet

hello

სიტყვა

mot

ტექსტი

text

წაკითხვა

llegir

ცარცი

guix

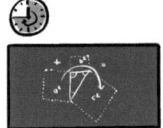

გაკვეთილი

lliçó

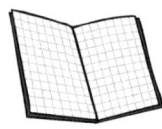

რეგისტრაცია

llibre de classe

გამოცდა

examen

სერტიფიკატი

certificat

სკოლის ფორმა

uniforme escolar

განათლება

formació

ენციკლოპედია

enciclopèdia

უნივერსიტეტი

universitat

მიკროსკოპი

microscopi

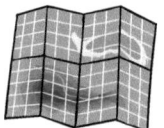

რუქა

mapa

კალათა ნარჩენი
ქაღალდებისათვის

paperera

მოგზაურობა

viatge

სასტუმრო
hotel
Grand
ჰოსტელი
alberg
ROOMS
ვალუტის გადაცვლის პუნქტი
oficina de canvi
EXCHANGE
ჩემოდანი
maleta
მანქანა
automòbil

ენა

llengua

კი / არა

sí / no

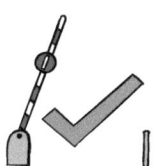

კარგი

D'acord

გამარჯობა

Ey!

მთარგმნელი

traductora

გმადლობთ

gràcies

რა ღირს... ?

Quant costa... ?

ვერ გავიგე

No entenc

პრობლემა

problema

აღამო მშვიდობისა!

Bona nit!

დილა მშვიდობისა!

bon dia!

ღამე მშვიდობისა!

bona nit!

ნახვამდის

fins aviat

მიმართულება

direcció

ბარგი

bagatge

ჩანთა

bossa

ზურგჩანთა

sarrona

სტუმარი

convidat

ოთახი

cambra

საძილე ტომარა

sac de dormir

კარავი

tenda

ტურისტული ინფორმაცია

oficina de turisme

სანაპირო

platja

საკრედიტო ბარათი

carta de crèdit

საუზმე

esmorzar

ლანჩი

dinar

ვახშამი

sopar

ბილეთი

bitllet

ლიფტი

ascensor

საფოსტო მარკა

segell

საზღვარი

frontera

საბაჟო

duana

საელჩო

ambaixada

ვიზა

visat

პასპორტი

passaport

ტრანსპორტი
transport

თვითმფრინავი
vol
გემი
vaixell
სახანძრო მანქანა
automòbil dels bombers
ავტობუსი
bus
სატვირთო მანქანა
camió
მოტორიზებული ნავი
lanxa de motor
მანქანა
automòbil
ველოსიპედი
bicicleta

ბორანი

transbordador

ნავი

barca

მოტოციკლი

moto

პოლიციის მანქანა

automòbil de policia

სარბოლო მანქანა

automòbil de curses

დაქირავებული მანქანა

automòbil de lloguer

მანქანის ერთობლივი
მოხმარება

vehicle compartit

საბუქსირე მანქანა

grua

ნაგვის მანქანა

camió de les escombraries

ძრავა

motor

საწვავი

benzina

ბენზინგასამართი სადგური

benzineria

საგზაო ნიშანი

senyal de trànsit

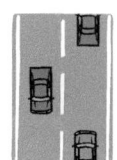

მოძრაობა

trànsit

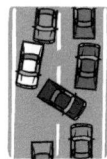

საცობი

embús

მანქანის სადგომი

aparcament

მატარებლის სადგური

estació de trens

ლიანდაგები

vies

მატარებელი

tren

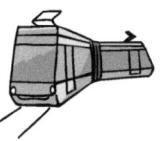

ტრამვაი

tramvia

ვაგონი

vagó

ვერტმფრენი
helicòpter

აეროპორტი
aeroport

კოშკი
torre

მგზავრი
passatger

კონტეინერი
contenidor

მუყაოს ყუთი
capsa de cartó

ურიკა
carretó

კალათა
cistella

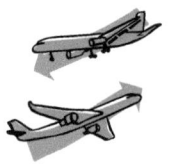

აფრენა / დაშვება
enlairar-se / aterrar

ქალაქი
ciutat

სოფელი
poble

ქალაქის ცენტრი
centre de la ciutat

სახლი
casa

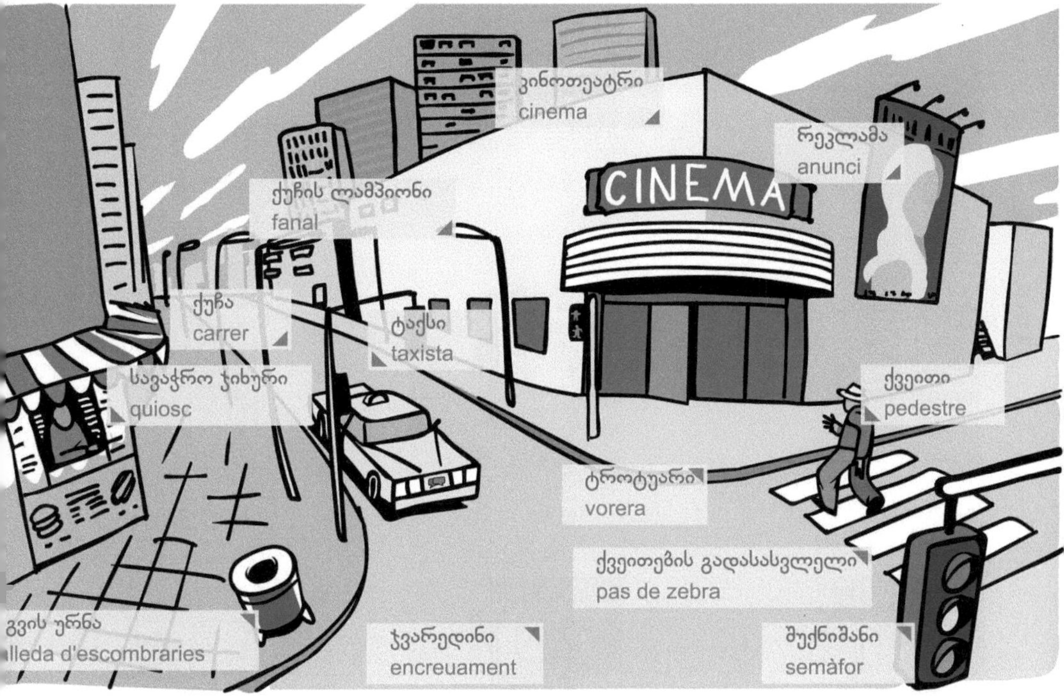

კინოთეატრი
cinema
რეკლამა
anunci
ქუჩის ლამპიონი
fanal
ქუჩა
carrer
ტაქსი
taxista
სავაჭრო ჯიხური
quiosc
ქვეითი
pedestre
ტროტუარი
vorera
ქვეითების გადასასვლელი
pas de zebra
გვის ურნა
lleda d'escombraries
ჯვარედინი
encreuament
შუქნიშანი
semàfor

ქოხი

cabana

ბინა

apartament

მატარებლის სადგური

estació de trens

მუნიციპალიტეტი

casa de la vila-ciutat

მუზეუმი

museu

სკოლა

escola

უნივერსიტეტი

universitat

ბანკი

banca

საავადმყოფო

hospital

სასტუმრო

hotel

აფთიაქი

farmàcia

ოფისი

oficina

წიგნების მაღაზია

llibreria

მაღაზია

botiga

ფლორისტი

floristeria

სუპერმარკეტი

supermercat

ბაზარი

mercat

მაღაზიის განყოფილება

gran magatzem

თევზის გამყიდველი

peixateria

სავაჭრო ცენტრი

centre comercial

ნავსადგომი

port

პარკი
parc

გრძელი სკამი
banc

ხიდი
pont

კიბეები
escala

მიწისქვეშა გადასასვლელი
metro

გვირაბი
túnel

ავტობუსის გაჩერება
parada d'autobús

ბარი
bar

რესტორანი
restaurant

საფოსტო ყუთი
bústia de correu

ქუჩის ნიშანი
senyal indicador

პარკინგის საზომი
parquímetre

ზოოპარკი
zoo

საცურაო აუზი
piscina

მეჩეთი
mesquita

ფერმა
granja

გარემოს დაბინძურება
pol·lució

სასაფლაო
cementiri

ეკლესია
església

საბავშვო მოედანი
parc infantil

ტაძარი
temple

ლანდშაფტი
paisatge

ფოთოლი
fulla

გზის მანიშნებელი ნიშანი
cartell indicador

გზა
camí

მდელო
prat

ქვა
pedra

ხე
arbre

მოგზაური
excursionista

მდინარე
riu

ბალახი
gespa

ყვავილი
flor

ხეობა

vall

გორაკი

muntanya

ტბა

llac

ტყე

bosc

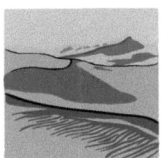

უდაბნო

desert

ვულკანი

volcà

ციხე

castell

ცისარტყელა

arc de Sant Martí

სოკო

bolet

პალმა

palmera

კოღო

moscard

ბუზი

mosca

ჭიანჭველა

formiga

ფუტკარი

abella

ობობა

aranya

ლანდშაფტი - paisatge

ხოჭო
escarabat

ბაყაყი
granota

ციყვი
esquirol

ზღარბი
eriçó

კურდღელი
llebre

ბუ
òliba

ფრინველი
ocell

გედი
cigne

ტახი
senglar

ირემი
cervo

ცხენ-ირემი
ant

კაშხალი
presa

ქარის ტურბინა
turbina

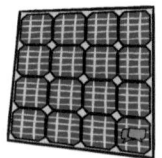

მზის ბატარეა
panell solar

კლიმატი
clima

მიმტანი
cambrer

მენიუ
menú

სკამი
cadira

სუპი
sopa

პიცა
pizza

მაგიდაზე გადასაფარებელი
tovalla

დანა-ჩანგალი
coberts

საუზმე
primer plat

მთავარი კერძი
plat principal

დესერტი
darreries

დასალევი
begudes

საჭმელი
menjar

ბოთლი
ampolla

სწრაფი კვება

menjar ràpid

ქუჩის საჭმელი

menjar de carrer

ჩაიდანი

tetera

საშაქრე

sucrer

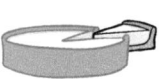

პორცია

porció

ესპრესოს მანქანა

màquina d'espresso

მაღალი სკამი

trona

ანგარიში

factura

ლანგარი

plata

დანა

ganivet

ჩანგალი

forqueta

კოვზი

cullera

ჩაის კოვზი

cullereta

ხელსახოცი

tovalló

ჭიქა

got

თეფში
plat

სუპის თეფში
plat de sopa

ჩაის ლამბაქი
plateret

საწებელი
salsa

სამარილე
saler

წიწაკის საფქვავი
molinet de pebre

ძმარი
vinagre

ზეთი
oli

სანელებლები
espècies

კეტჩუპი
quètxup

მდოგვი
mostassa

მაიონეზი
maionesa

სუპერმარკეტი

supermercat

სპეციალური შეთავაზება
oferta especial
FOR
მომხმარებელი
client
რძის ნაწარმი
productes lactis
ხილი
fruites
ურიკა
carret de la compra

საყასბო

carnisseria

საცხობი

forn de pa

აწონვა

pesar

ბოსტნეული

verdures

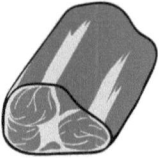

ხორცი

carn

გაყინული საკვები

menjar congelat

გრილი ხორცი

carn freda

კონსერვები

conserves

სარეცხი ფხვნილი

detergent en pols

ტკბილეული

dolços

საყოფაცხოვრებო
პროდუქტები

articles domèstics

სარეცხი საშუალებები

productes de neteja

გამყიდველი

venedora

სალარო

caixa registradora

მოლარე

caixera

საყიდლების სია

llista de la compra

მუშაობის საათები

horari d'obertura

პორტმანი

portamonedes

საკრედიტო ბარათი

carta de crèdit

ჩანთა

bossa

პლასტიკური პარკი

bossa de plàstic

დასალევი
begudes

წყალი

aigua

წვენი

suc

რძე

llet

კოკა-კოლა

coca-cola

ღვინო

vi

ლუდი

cervesa

ალკოჰოლი

alcohol

კაკაო

cacau

ჩაი

te

ყავა

cafè

ესპრესო

espresso

კაპუჩინო

cappuccino

ბანანი

banana

ვაშლი

poma

ფორთოხალი

taronja

საზამთრო

síndria

ლიმონი

llimona

სტაფილო

pastanaga

ნიორი

all

ბამბუკი

bambú

ხახვი

ceba

სოკო

bolet

კაკალი

avellanes

ატრია

fideus

სპაგეტი
espaguetis

ბრინჯი
arròs

სალათი
amanida

ჩიპსები
patates fregides

შემწვარი კარტოფილი
patates fregides

პიცა
pizza

ჰამბურგერი
hamburguesa

სენდვიჩი
entrepà

კოტლეტი
escalopa

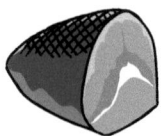

ლორი
cuixot

სალიამი
salami

ძეხვი
salsitxa

წიწილა
pollastre

შემწვარი ხორცი
rostit

თევზი
peix

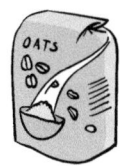

შვრიის ფაფა

flocs de civada

მუსლი

musli

სიმინდის ფანტელები

cereals

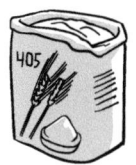

ფქვილი

farina

კრუასანი

croissant

ბულკი

panet

პური

pa

ტოსტი

torrada

ნამცხვრები

bescuits

კარაქი

mantega

ხაჭო

mató

ტორტი

pastís

კვერცხი

ou

ერბო-კვერცხი

ou fregit

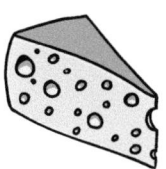

ყველი

formatge

ნაყინი
gelat

შაქარი
sucre

თაფლი
mel

ჯემი
melmelada

შოკოლადის კრემი
crema de xocolata

კარი
curri

საჭმელი - menjar

granja

სოფლის სახლი
granja
თავლა
graner
ჩალის შეკვრა
bala de palla
ყანა
camp
ცხენი
cavall
მისაბმელი
remolc
ტრაქტორი
tractor
კვიცი
poltre
ვირი
ase
ცხვარი
ovella
ცხვარი
xai

თხა

cabra

ძროხა

vaca

ხბო

vedella

ღორი

porc

გოჭი

garrí

ხარი

bou

ბატი

oca

იხვი

ànec

წიწილა

poll

ქათამი

gall

მამალი

gallina

ვირთხა

rata

კატა

gat

თაგვი

ratolí

ხარი

bou

ძაღლი

gos

საძაღლე

gossera

ბაღის შლანგი

mànega de regar

საბაღე წურწურა

regadora

ცელი

dalla

გუთანი

arada

ნამგალი

....

falç

თოხი

....

aixada

პატივის სახვეტი ჩანგალი

....

forca

ცული

....

destral

მაზიდი

....

carretó

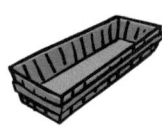

გობი

....

abeurador

რძის ბიდონი

....

lletera

ტომარა

....

sac

ღობე

....

tanca

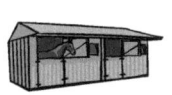

ბოსელი

....

establa

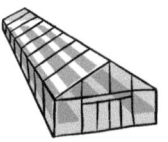

სათბური

....

hivernacle

ნიადაგი

....

sòl

თესლი

....

llavor

სასუქი

....

adob

მოსავლის ამღები კომბაინი

....

collidora

მოსავლის აღება
collir

მოსავალი
collita

იამი
nyam

ხორბალი
blat

სოიო
soja

კარტოფილი
patata

სიმინდი
blat de moro o d'indi

სარეველას თესლი
colza

ხეხილი
arbre fruiter

მანიოკი
mandioca

მარცვლეული
cereals

სახლი

casa

ბუხარი
fumera
სახურავი
teulada
წყალსადინარი მილი
canaló
ფანჯარა
finestra
ავტოფარეხი
garatge
კარის ზარი
campana
კარი
porta
ნაგვის ყუთი
galleda de les escombraries
საფოსტო ყუთი
bústia de correu
ბაღი
jardí

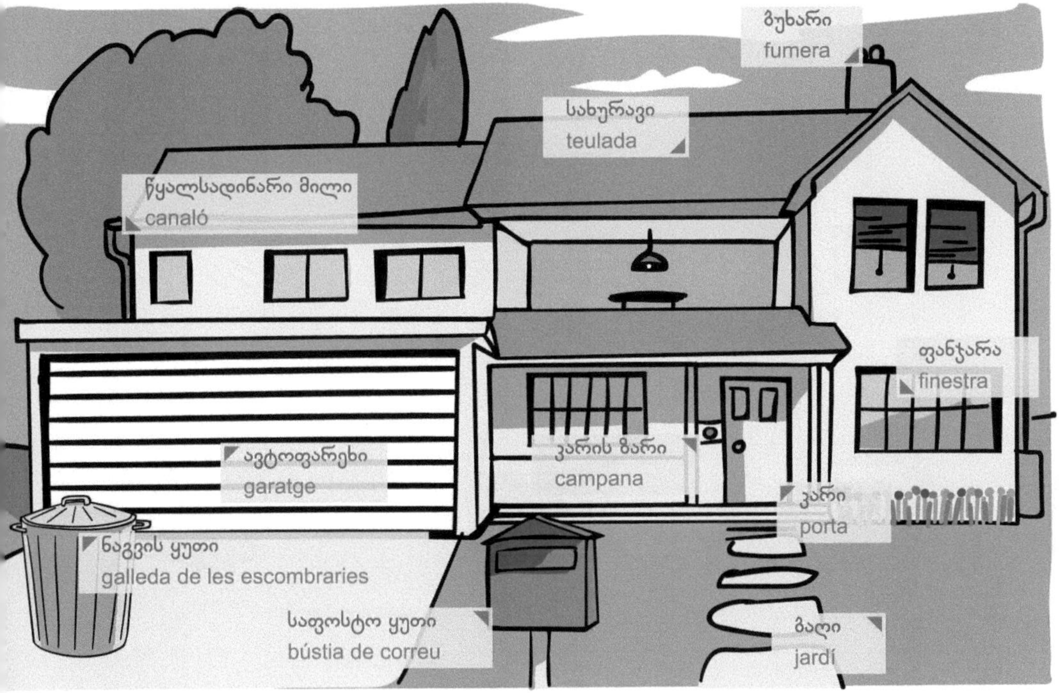

მისაღები ოთახი

sala d'estar

აბაზანა

bany

სამზარეულო

cuina

საძინებელი

cambra de dormir

საბავშვო ოთახი

cambra de nen

სასადილო ოთახი

menjador

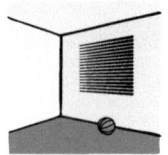

სართული

sòl

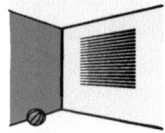

კედელი

paret

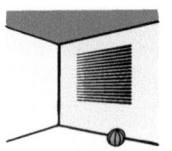

ჭერი

sostre

სარდაფი

soterrani

საუნა

sauna

აივანი

balcó

ტერასა

terrassa

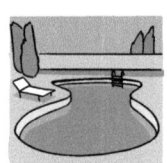

აუზი

piscina

გაზონის საკრეჭი

tallagespa

საბნის კონვერტი

vànova

საწოლი

cobrellit

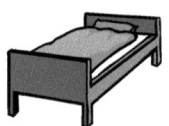

ლოგინი

llit

ცოცხი

escombra

სათლი

galleda

გადამრთველი

interruptor

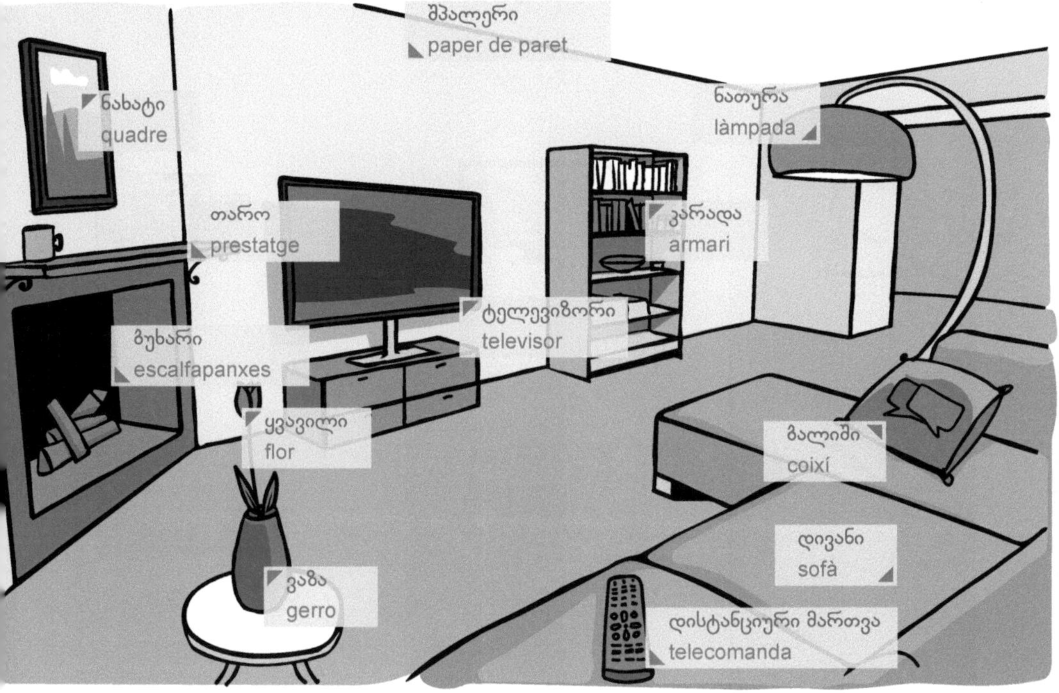

შპალერი
paper de paret
ნახატი
quadre
ნათურა
làmpada
თარო
prestatge
კარადა
armari
ტელევიზორი
televisor
ბუხარი
escalfapanxes
ყვავილი
flor
ბალიში
coixí
დივანი
sofà
ვაზა
gerro
დისტანციური მართვა
telecomanda

ხალიჩა

catifa

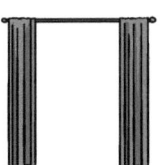

ფარდა

cortina

მაგიდა

taula

სკამი

cadira

სარწეველა სკამი

cadira gronxadora

სავარძელი

cadiral

წიგნი

llibre

საბანი

llençol

დეკორაცია

decoració

შეშა

llenya

ფილმი

film

hi-fi მოწყობილობები

cadena de música

გასაღები

clau

გაზეთი

diari

ფერწერა

pintura

პლაკატი

cartell

რადიო

ràdio

ბლოკნოტი

bloc de notes

მტვერსასრუტი

aspiradora

კაქტუსი

cactus

სანთელი

candela

სამზარეული

cuina

მაცივარი
refrigerador
მიკრო-ტალღური ღუმელი
microones
სამზარეულოს სასწორი
balança de cuina
ტოსტერი
torradora
სარეცხი საშუალება
detergent per a plats
ღუმელი
forn
საყინულე
congelador
ნაგვის ყუთი
galleda de les escombraries
ჭურჭლის სარეცხი მანქანა
rentaplats

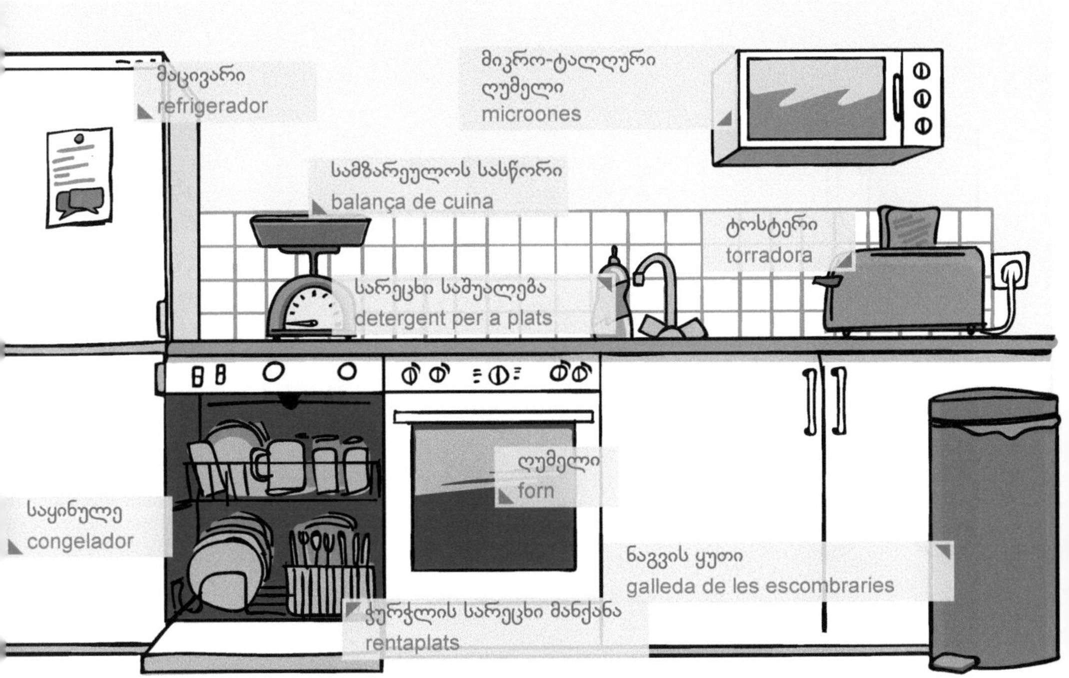

გაზქურა

cuina de fogons

ქოთანი

olla

თუჯის ქვაბი

olla de ferro colat

ტაფა ამობერილი ფსკერით

wok / karahi

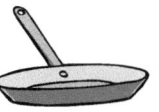

ტაფა

paella

ჩაიდანი

bullidor

სამზარეულო - cuina 35

ორთქლსახარში

olla de vapor

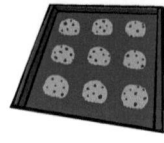

საცხობი ლანგარი

plata de forn

ჭურჭელი

vaixella

კათხა

tassa grossa

თასი

bol

ჩინური ჩხირები

bastonets xinesos

ჩამჩა

culler

ფითხი

espàtula

სათქვეფელა

batedor

საწური

colador

საცერი

sedàs

სახეხი

ratllador

სანაყი

morter

გრილი

barbacoa

კოცონი

foc a terra

დაფა

taula de tallar

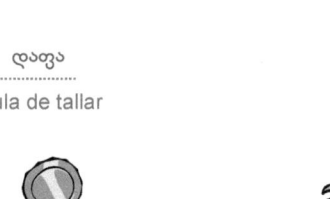

საგორავი

corró

ბურღი

llevataps

ქილა

pot de conserva

ქილის გასახსნელი

obridor

ქოთნის დამჭერი

agafador

ნიჟარა

aigüera

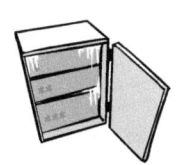

ფუნჯი

raspall

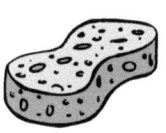

ღრუბელი

esponja

ბლენდერი

batedora

საყინულე კამერა

congelador

საბავშვო ბოთლი

biberó

ონკანი

aixeta

აბაზანა

bany

გათბობა
calefacció
პირსახოცი
tovallola
შხაპი
dutxa
საშხაპე ფარდა
cortina de dutxa
ღრუბლიანი აბანო
bany de bombolles
ვანა
banyera
ჭიქა
got
სარეცხი მანქანა
rentadora
ონკანი
aixeta
ფილები
rajoles
ღამის ქოთანი
orinal
ნიჟარა
aigüera

ტუალეტი

lavabo

იატაკის ტუალეტი

lavabo turc

ბიდე

bidet

კედლის პისუარი

orinador

ტუალეტის ქაღალდი

paper higiènic

ტუალეტის ჯაგრისი

escombreta de sanitari

38 აბაზანა - bany

კბილის ჯაგრისი

raspall de dents

კბილის პასტა

pasta de dents

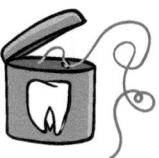

კბილის ძაფი

fil dental

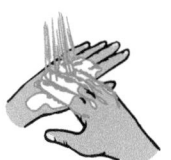

რეცხვა

rentar

ხელის შხაპი

pom de dutxa

ინტიმური შხაპი

dutxa íntima

ტაშტი

rentamans

ზურგის სახეხი ფუნჯი

raspall per a l'esquena

საპონი

sabó

შხაპის გელი

gel de dutxa

შამპუნი

xampú

ნეჭა

manyopla de bany

სანიაღვრე

bonera

კრემი

crema

დეოდორანტი

desodorant

სარკე

mirall

ხელის სარკე

mirall-espill de mà

გრიტვა

maquineta de rasar

საპარსი ქაფი

espuma de barbejar

საშუალება გაპარსვის შემდეგ

loció post-rasada

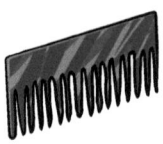

სავარცხელი

pinta

ჯაგრისი

raspall

თმის საშრობი

eixugador

თმის ლაქი

laca

კოსმეტიკა

maquillatge

ტუჩების პომადა

pintallavis

ფრჩხილის ლაქი

esmalt d'ungles

ბამბა

cotó

ფრჩხილის მაკრატელი

tallaungles

სუნამო

perfum

კოსმეტიკის ჩანთა

estoig de bellesa

ტაბურეტი

tamboret

სასწორი

bàscula

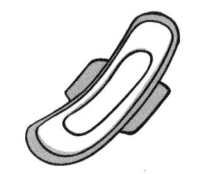

საბაზანო ხალათი

barnús

რეზინის ხელთათმანები

guants de goma

ტამპონი

compresa higiènica

სანიტარული პირსახოცი

compresa

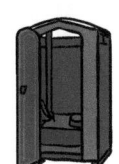

ბიო-ტუალეტი

sanitari químic

საბავშვო ოთახი

cambra de nen

რბილი სათამაშო
სათამაშო მანქანა
auto de joguina
ჩხარუნა სათამაშო
sonall
თოჯინების სახლი
casa de nines
საჩუქარი
present

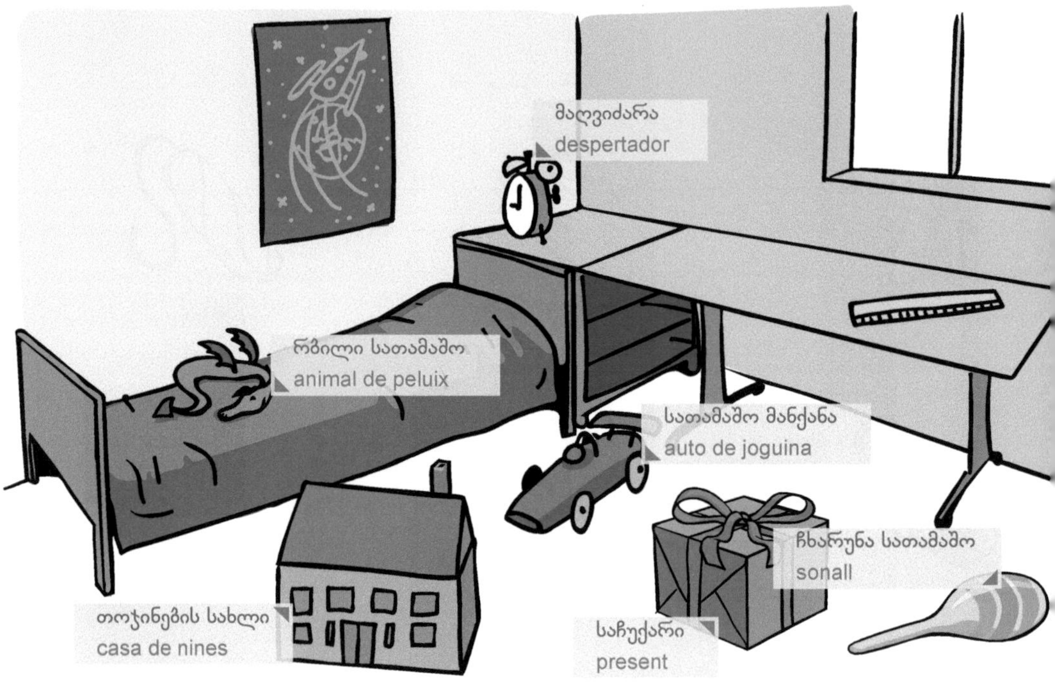

ბუშტი

baló

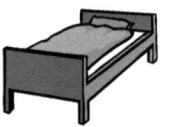

ლოგინი

llit

საბავშვო ეტლი

cotxet per a nens

კარტის თამაში

joc de cartes

პაზლი

trencaclosca

კომიკსი

historieta

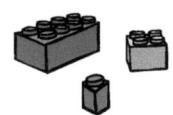

ლეგოს აგურები

peces de lego

ასაშენებელი კუბიკები

peces de construcció

სათამაშო ფიგურა

ninot d'acció

საცოცავი

granota

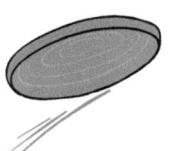

ფრისბი

frisbee

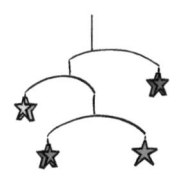

მობილე

mòbil per a bressol

სამაგიდო თამაში

joc de taula

კამათელი

daus

რკინიგზის მოდელი

tren elèctric

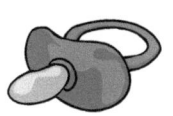

საწოვარა

xumet

წვეულება

festa

წიგნი ნახატებით

llibre de dibuixos

ბურთი

pilota

თოჯინა

nina

თამაში

jugar

საქვიშარი

sorrera

საქანელა

gronxador

სათამაშოები

joguines

ვიდეო თამაშის კონსოლი

consola de jocs de vídeo

სამთვლიანი ველოსიპედი

tricicle

დათუნია

osset de peluix

გარდერობი

armari

ტანსაცმელი

roba

წინდები

mitjons

ჩულქები

mitges

კოლგოტები

mitja pantaló

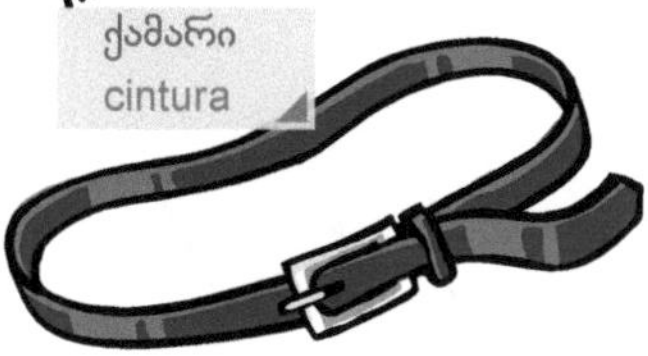

შარფი
tapacoll

ქოლგა
paraigua

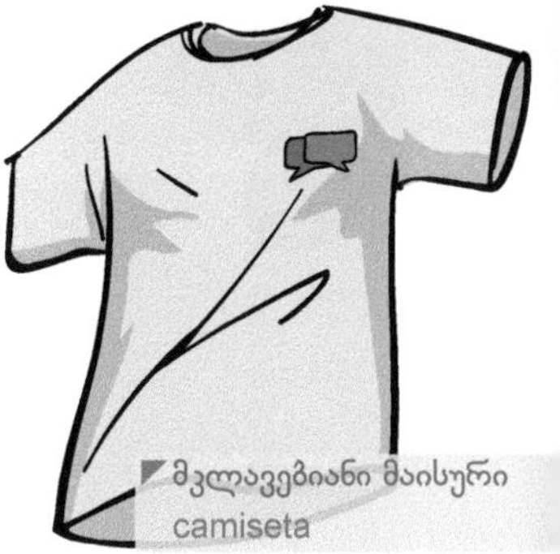

მკლავებიანი მაისური
camiseta

ქამარი
cintura

ფეხსაცმელი
botes

ბოტასები
sabates d'esport

ჩუსტები
plantofes

სანდლები

sandàlies

ფეხსაცმელი

sabates

რეზინის ჩექმები

botes de goma

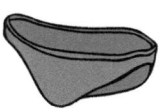

ტრუსები

calçonets

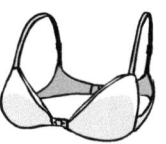

ბიუსჰალტერი

sostenidor

მაისური

guardapits

სხეული

jjustacòs

შარვალი

pantalons

ჯინსი

jeans

ქვედაკაბა

faldeta

ბლუზი

brusa

პერანგი

camisa

სვიტრი

jersei

კაპიუშონიანი ჟაკეტი

dessuadora

სპორტული ქურთუკი

blazer

ჟაკეტი

jaqueta

პალტო

mantell

საწვიმარი

impermeable

კოსტუმი

vestit de dona

კაბა

vestit de dona

საქორწილო კაბა

vestit de núvia

კაცის კოსტიუმი

vestit d'home

ღამის პერანგი

camisa de dormir

პიჟამოები

pijama

სარი

sari

თავშალი

mocador de cap

ტურბანი

turbant

ჩადრი

burca

ხიფთანი

caftan

აბაია

abaia

საცურაო კოსტუმი

vestit de bany

ჩემოდნები

calçon(et)s de bany

შორტები

pantalons curts

სპორტული კოსტიუმი

xandall

წინსაფარი

davantal

ხელთათმანები

guants

ღილი
botó

სათვალეები
ulleres

სამაჯური
braçalet

ყელსაბამი
collaret

ბეჭედი
anell

საყურე
orellera

კეპი
casquet

საკიდი
penjador

ქუდი
capell

ჰალსტუხი
corbata

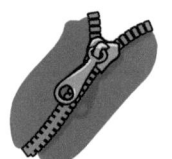

ელვა-შესაკრავის შეკვრა
cremallera

ჩაფხუტი
casc

აჭიმი
elàstics

სკოლის ფორმა
uniforme escolar

ფორმა
uniforme

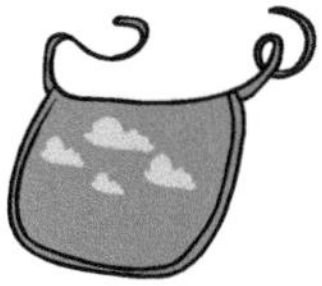

ბავშვის წინსაფარი

pitet

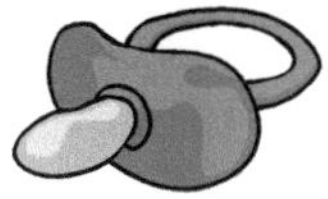

საწოვარა

xumet

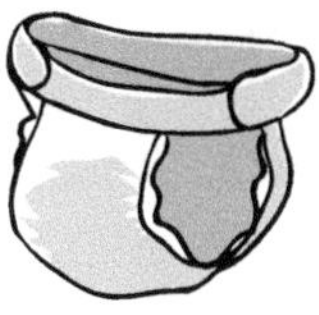

პამპერსი

bolquer

ოფისი

oficina

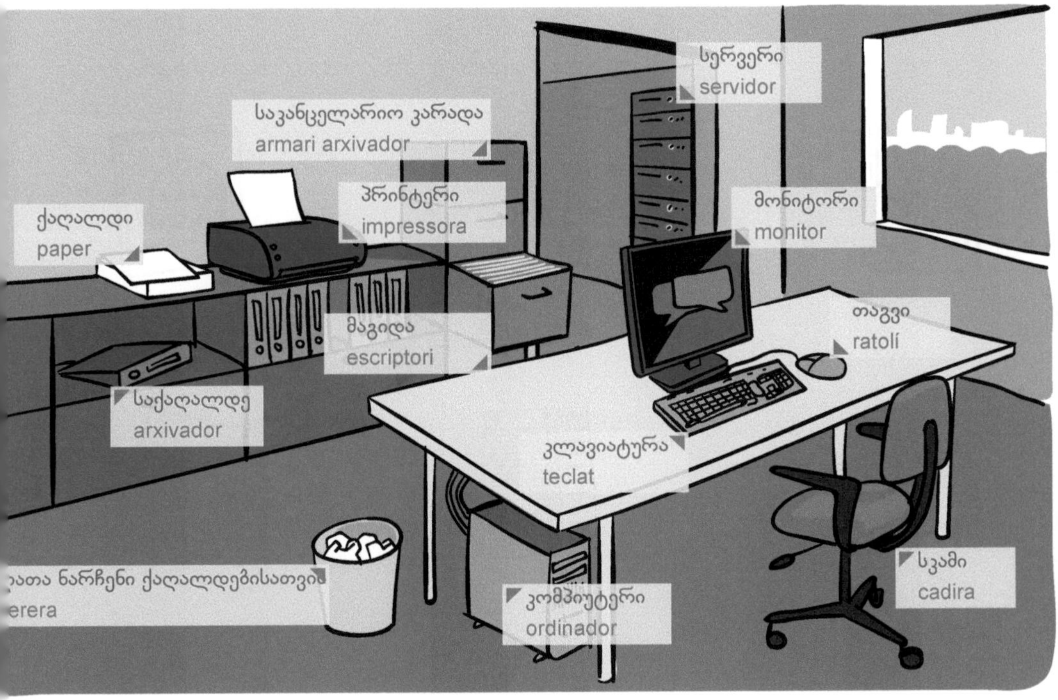

სერვერი
servidor
საკანცელარიო კარადა
armari arxivador
პრინტერი
impressora
ქაღალდი
paper
მონიტორი
monitor
თაგვი
ratolí
მაგიდა
escriptori
საქაღალდე
arxivador
კლავიატურა
teclat
ათა ნარჩენი ქაღალდებისათვის
erera
სკამი
cadira
კომპიუტერი
ordinador

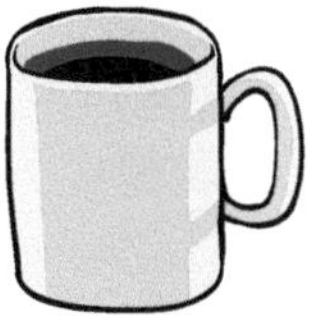

ყავის ფინჯანი

tassa de cafè

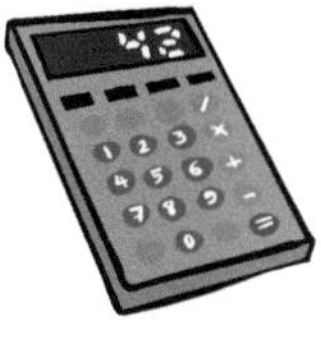

კალკულატორი

calculadora

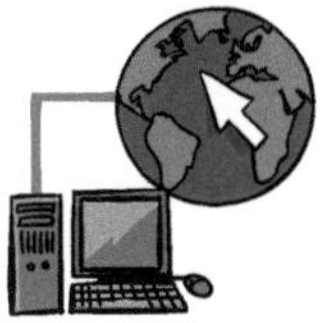

ინტერნეტი

Internet

ლეპტოპი

ordinador portàtil

წერილი

lletra

მესიჯი

missatge

მობილური ტელეფონი

mòbil

ქსელი

xarxa

სკანერი

fotocopiadora

პროგრამული
უზრუნველყოფა
programari

ტელეფონი

telèfon

როზეტი

presa de corrent

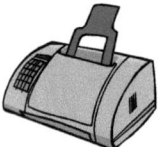

ფაქსის მანქანა

fax

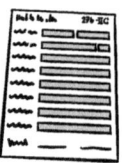

ფორმულარი

formulari

დოკუმენტი

document

ყიდვა

comprar

გადახდა

pagar

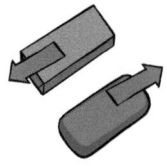

ვაჭრობა

comerciar

ფული

diners

დოლარი

dòlar

ევრო

euro

იენი

ien

რუბლი

ruble

შვეიცარული ფრანკი

franc suís

ჟენმინბი იუანი

renminbi

რუპი

rupia

ბანკომატი

caixa automàtica

ვალუტის გადაცვლის პუნქტი
oficina de canvi

ოქრო
or

ვერცხლი
argent

ნავთობი
petroli

ენერგია
energia

ფასი
preu

ხელშეკრულება
contracte

გადასახადი
impost

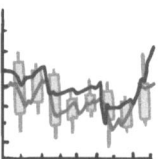

აქცია
acció

მუშაობა
treballar

თანამშრომელი
treballador

დამსაქმებელი
empresari

ქარხანა
fàbrica

მაღაზია
botiga

ეკონომიკა - economia

oficis

oficis

პოლიციის ოფიცერი
oficial de policia
მეხანძრე
bomber
მზარეული
cuiner
ექიმი
doctora
მფრინავი
pilot

მებაღე

jardiner

დურგალი

fuster

თეთრეულის მკერავი ქალბატონი

costurera

მოსამართლე

jutge

ქიმიკოსი

química

მსახიობი

actor

ავტობუსის მძღოლი

conductor d'autobús

ტაქსის მძღოლი

taxista

მეთევზე

pescador

დამლაგებელი ქალბატონი

dona de la neteja

სახურავის ოსტატი

ensostrador

მიმტანი

cambrer

მონადირე

caçador

ფერმწერი

pintor

მცხობელი

forner

ელექტრიკოსი

electricista

მშენებელი

obrer de la construcció

ინჟინერი

enginyer

ყასაბი

carnisser

სანტექნიკოსი

llanterner

ფოსტალიონი

correu

ჯარისკაცი

soldat

არქიტექტორი

arquitecte

მოლარე

caixera

ფლორისტი

florista

პარიკმახერი

perruquer

კონდუქტორი

revisor

მექანიკოსი

mecànic

კაპიტანი

capità

სტომატოლოგი

dentista

მეცნიერი

científic

რაბინი

rabí

იმამი

imam

ბერი

monjo

სასულიერო პირი

capellà

იარაღები

eines

martell
ბრტყელტუჩა
tenalles
სახრახნისი
descaragolador
ქანჩის გასაღები
clau anglesa
ჯიბის სანათი
llanterna

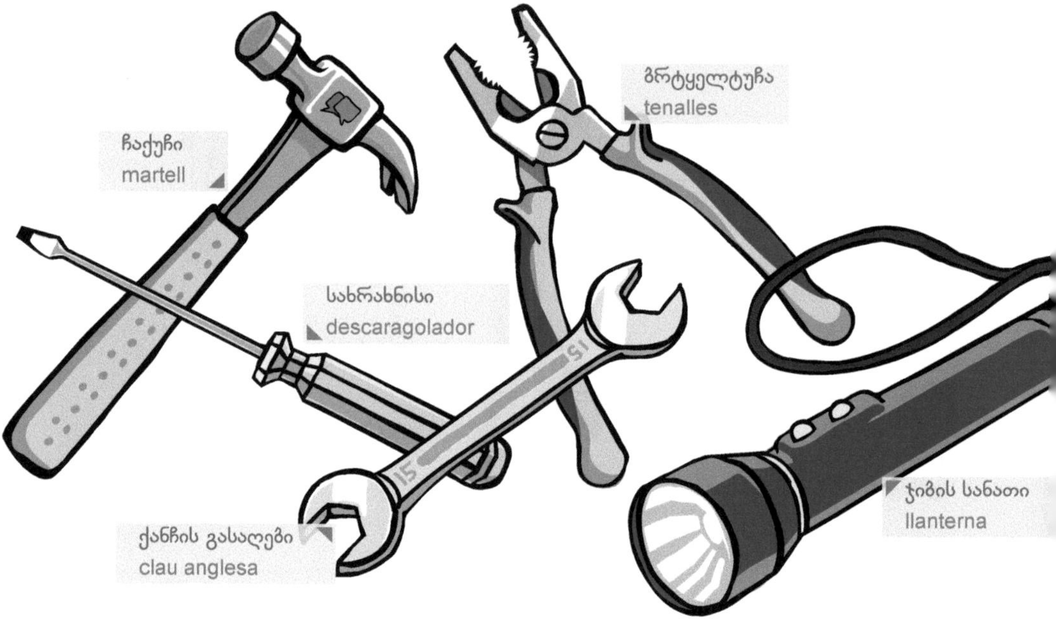

ექსკავატორი

excavadora

იარაღების ყუთი

caixa d'eines

კიბე

escala

ხერხი

serra

ლურსმები

claus

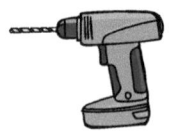

საბურღი

trepant

შეკეთება

reparar

ნიჩაბი

pala

ანდაზა!

Maleït siga!

აქანდაზი

pala

საღებავის ქოთანი

pot de pintura

ხრახნები

caragols

მუსიკალური ინსტრუმენტები

instrument de música

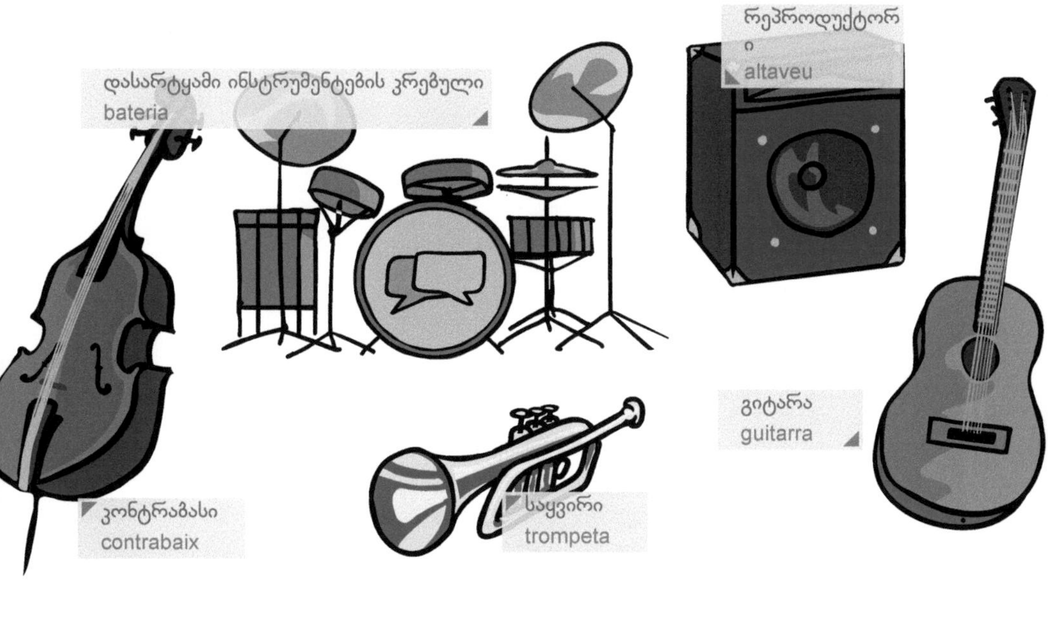

რეპროდუქტორ
ი
altaveu
დასარტყამი ინსტრუმენტების კრებული
bateria
გიტარა
guitarra
კონტრაბასი
contrabaix
საყვირი
trompeta

ფორტეპიანო

piano

ვიოლინო

violí

ბასი

baix

ტიმპანონი

timbal

დასარტყამები

tambor

კლავიშები

teclat

საქსოფონი

saxofon

ფლეიტა

flauta

მიკროფონი

micròfon

ზოოპარკი

ZOO

ვეფხვი
tigre
შესასვლელი
entrada
გალია
gàbia
ზებრა
zebra
ცხოველთა საკვები
aliment per a animals
პანდა
ós panda

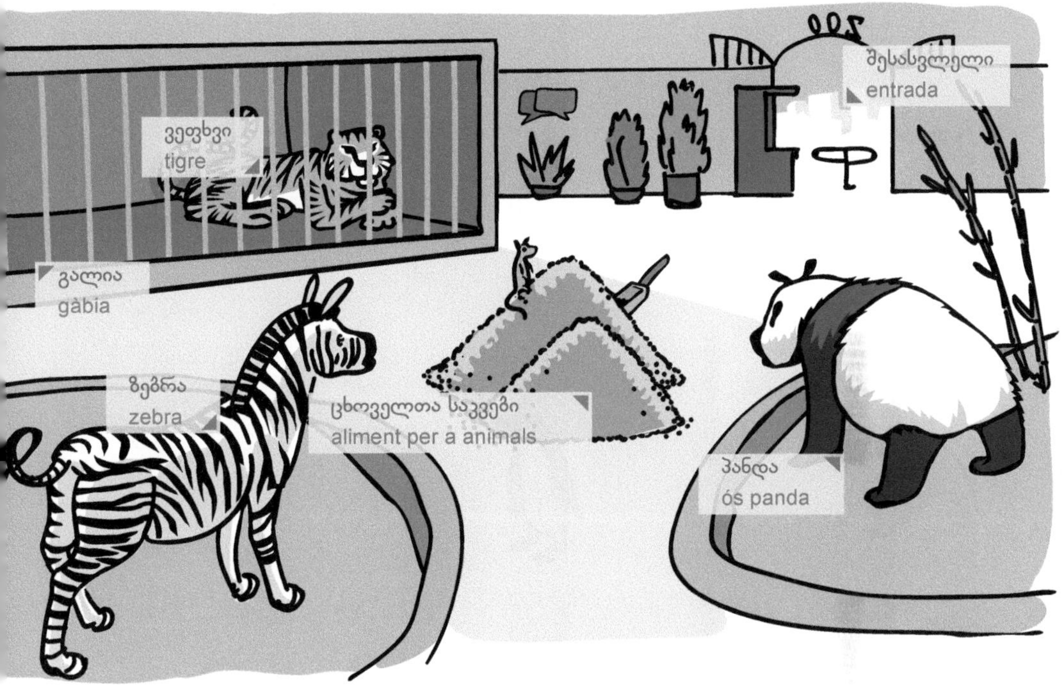

ცხოველები

animals

სპილო

elefant

კენგურუ

cangurú

მარტორქა

rinoceront

გორილა

goril·la

დათვი

ós

აქლემი

camell

სირაქლემა

estruç

ლომი

lleó

მაიმუნი

simi

ფლამინგო

flamenc

თუთიყუში

papagai

პოლარული დათვი

ós polar

პინგვინი

pingüí

ზვიგენი

ca mari

ფარშევანგი

paó

გველი

serp

ნიანგი

cocodril

ზოოპარკის მფლობელი

guardià del zoo

სელაპი

foca

იაგუარი

jaguar

პონი
poni

ლეოპარდი
lleopard

ბეჰემოტი
hipopòtam

ჟირაფი
girafa

არწივი
àliga

ტახი
senglar

თევზი
peix

კუ
tortuga

მორჟი
morsa

მელა
guineu

გაზელი
gasela

სპორტი

esports

futbol americà
ველოსპორტი
ciclisme
ჩოგბურთი
tenis
კალათბურთი
bàsquet
ცურვა
natació
კრივი
boxa
ყინულის ჰოკეი
hoquei sobre gel

ფეხბურთი

futbol americà

ბადმინტონი

bàdminton

მძლეოსნობა

atletisme

ხელბურთი

handbol

სათხილამურო სპორტი

esquí

წყლის პოლო

polo

მოქმედებები

activitats

გადახტომა
saltar
ჩახუტება
abraçar
დაცინვა
riure
სეირნობა
anar
სიმღერა
cantar
ოცნებობა
somiar
ლოცვა
pregar
კოცნა
fer un petó

წერა

escriure

დახატვა

dibuixar

ჩვენება

mostrar

დაჭერა

pitjar

მიცემა

donar

აღება

prendre

ქონა

tenir

კეთება

fer

ყოფნა

ésser

დგომა

estar dret

გარბენა

córrer

მოქაჩვა

estirar

გადაყრა

llançar

დაცემა

caure

ტყუილის თქმა

jeure

მოცდენა

esperar

ტარება

portar

ჯდომა

asseure's

ჩაცმა

vestir-se

ძილი

dormir

გაღვიძება

despertar-se

დათვალიერება
mirar

ტირილი
plorar

გაუთოება
amoixar

დავარცხნა
pentinar

ლაპარაკი
parlar

გაგება
comprendre

შეკითხვა
demanar

მოსმენა
escoltar

დალევა
beure

ჭამა
menjar

დალაგება
endreçar

ყვარება
estimar

კერძების მზადება
cuinar

სვლა
conduir

ფრენა
volar

აფრის ქვეშ სიარული

navegar

გამოთვლა

calcular

წაკითხვა

llegir

შესწავლა

aprendre

მუშაობა

treballar

ქორწინება

casar-se

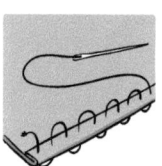

კერვა

cosir

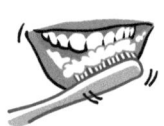

კბილების ხეხვა

raspallar-se les dents

მოკვლა

matar

მოწევა

fumar

გაგზავნა

enviar

ოჯახი
família

ბებია
àvia
ბაბუა
avi
მამა
pare
დედა
mare
ბავშვი
nadó
ქალიშვილი
filla
ვაჟიშვილი
fill

სტუმარი

convidat

დეიდა

tia

ბიძა

oncle

ძმა

germà

და

germana

სხეული

cos

შუბლი
front
თვალი
ull
მხარი
espatlla
თითი
dit
სახე
cara
ნიკაპი
barbeta
ხელი
mà
მკერდი
pit
ფეხი
cama
მკლავი
braç

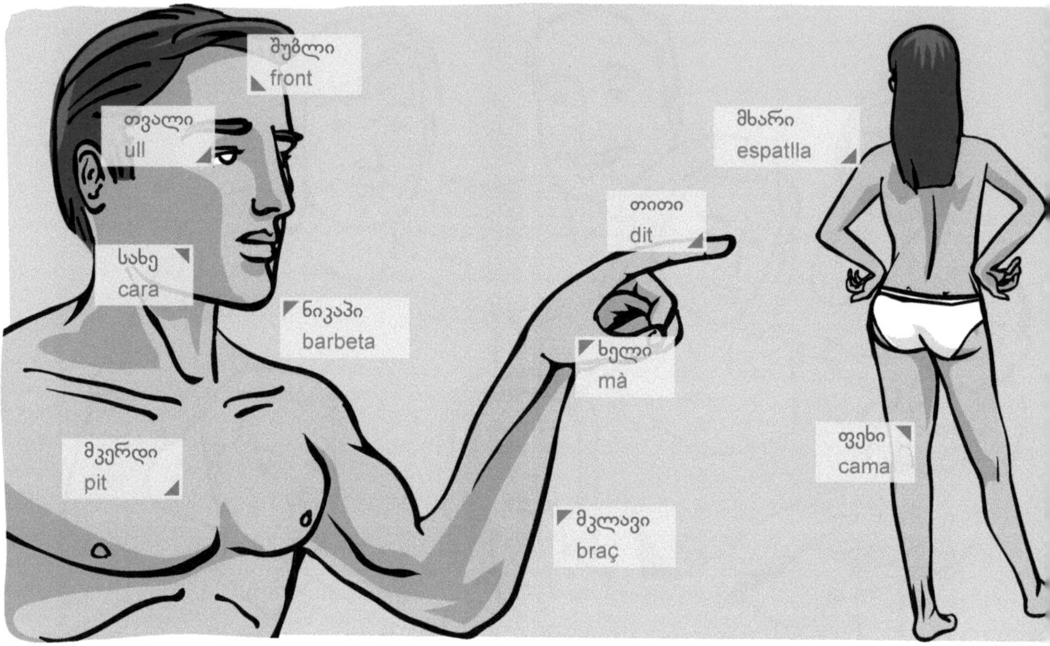

ბავშვი

nadó

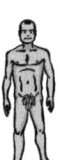

კაცი

home

ქალი

dona

გოგო

noia

ბიჭი

noi

თავი

cap

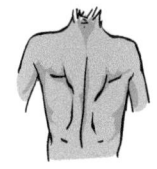

ზურგი
....
esquena

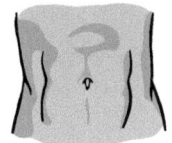

მუცელი
....
panxa

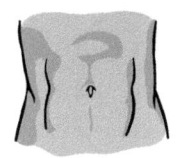

ჭიპი
....
melic

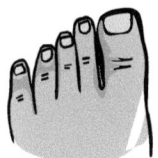

ფეხის თითი
....
dit gros del peu

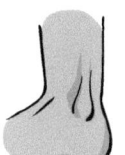

ქუსლი
....
taló

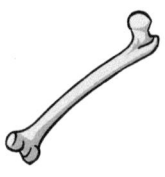

ძვალი
....
os

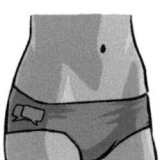

ბარძაყი
....
maluc

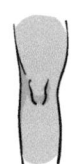

მუხლი
....
genoll

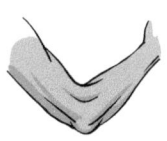

იდაყვი
....
colze

ცხვირი
....
nas

დუნდულა
....
cul

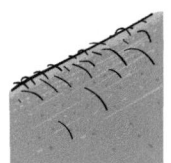

კანი
....
pell

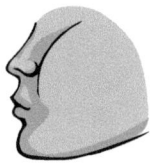

ლოყა
....
galta

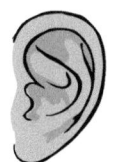

ყური
....
orella

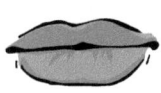

ტუჩი
....
llavi

პირი

boca

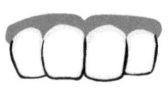

კბილი

dent

ენა

llengua

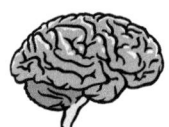

ტვინი

cervell

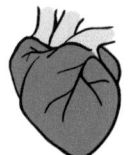

გული

cor

კუნთი

múscul

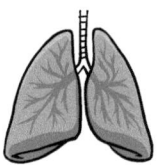

ფილტვი

pulmó

ღვიძლი

fetge

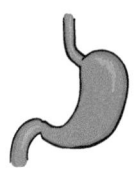

კუჭი

estómac

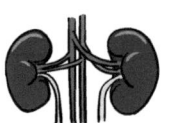

თირკმელები

ronyó

სექსი

relació sexual

პრეზერვატივი

preservatiu

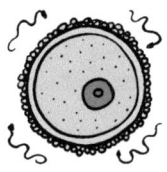

კვერცხუჯრედი

ovari

სპერმა

semen

ორსულობა

prenyat

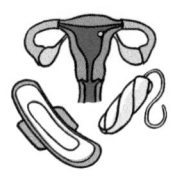

მენსტრუაცია

menstruació

საშო

vagina

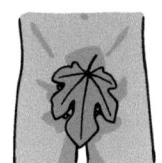

პენისი

penis

წარბი

cella

თმა

cabells

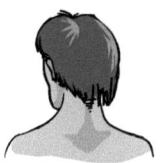

კისერი

coll

საავადმყოფო
hospital

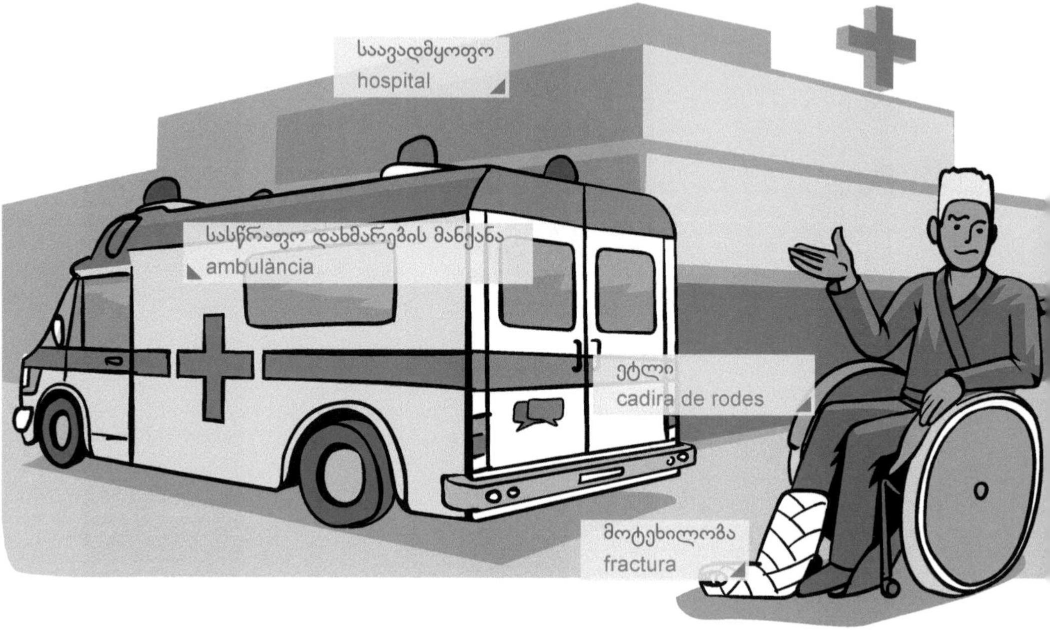

საავადმყოფო
hospital
სასწრაფო დახმარების მანქანა
ambulància
ეტლი
cadira de rodes
მოტეხილობა
fractura

ექიმი

doctora

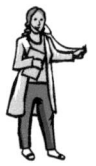

პირველი დახმარების ოთახი

sala d'urgències

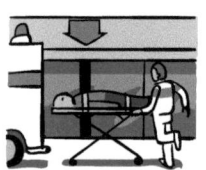

მედდა

infermera

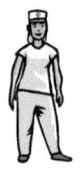

გადაუდებელი შემთხვევა

urgència

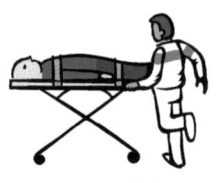

უგონოდ მყოფი

inconscient

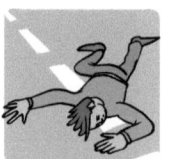

ტკივილი

dolor

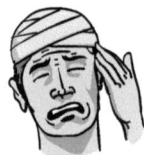

დაზიანება

ferida

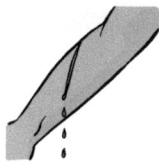

სისხლდენა

sagnament

გულის შეტევა

atac de cor

ინსულტი

apoplexia

ალერგია

al·lèrgia

ხველა

tos

ცხელება

febre

გრიპი

gripa

დიარეა

diarrea

თავის ტკივილი

mal de cap

კიბო

càncer

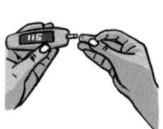

დიაბეტი

diabetis

ქირურგი

cirurgià

სკალპელი

escalpel

ოპერაცია

operació

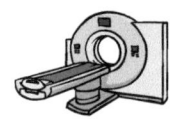

კტ

tomografia computada (TC), TAC

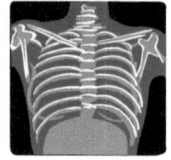

რენტგენი

raigs x

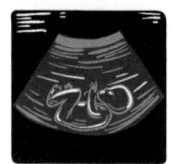

ულტრაბგერა

ultrasò

ნიღაბი

mascareta

დაავადება

malaltia

მოსაცდელი ოთახი

sala d'espera

ყავარჯენი

crossa

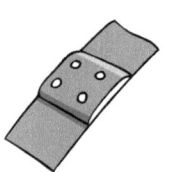

თაბაშირი

tireta

ბინტი

embenat

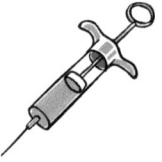

ინექცია

injecció

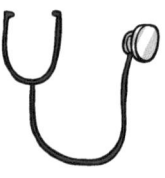

სტეტოსკოპი

estetoscopi

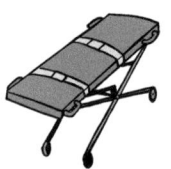

საკაცე

llitera

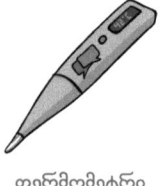

თერმომეტრი

termòmetre clínic

დაბადება

pariment

ჭარბი წონა

sobrepès

სმენის აპარატი

aparell auditiu

სადეზინფექციო საშუალება

desinfectant

ინფექცია

infecció

ვირუსი

virus

აივ / შიდსი

VIH / SIDA

წამალი

medicina

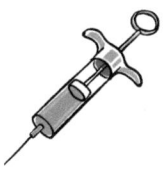

ვაქცინაცია

vaccí

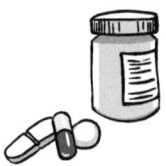

ტაბლეტები

comprimits

აბი

píl·lola

ადაუდებელი გამოძახება

trucada d'urgència

წნევის საზომი აპარატი

tensiòmetre

ავადმყოფი / ჯანმრთელი

malalt / sà

გადაუდებელი შემთხვევა
urgència

დამეხმარეთ!

Socors!

განგაში

alarma

თავდასხმა

assalt

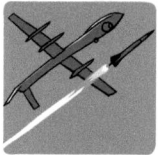

შეტევა

atac

საფრთხე

perill

სათადარიგო გასასვლელი

sortida-eixida d'urgència

ხანძარი!

Foc!

ცეცხლსაქრობი

extintor

უბედური შემთხვევა

accident

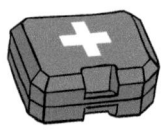

პირველადი დახმარების აფთიაქი

farmaciola de primers auxilis

SOS

SOS

პოლიცია

policia

დედამიწა
terra

ევროპა
Europa

ჩრდილოეთ ამერიკა
Amèrica del Nord

სამხრეთ ამერიკა
Amèrica del Sud

აფრიკა
Àfrica

აზია
Àsia

ავსტრალია
Austràlia

ატლანტიკა
Atlàntic

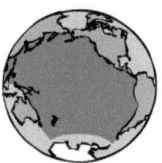

წყნარი ოკეანე
Pacífic

ინდოეთის ოკეანე
Oceà Índic

ანტარქტიკის ოკეანე
Oceà Antàrtic

ჩრდილოეთის ყინულოვანი ოკეანე
Oceà Àrtic

ჩრდილოეთ პოლუსი
pol nord

სამხრეთ პოლუსი

pol sud

ანტარქტიდა

Antàrtida

დედამიწა

terra

ხმელეთი

país

ზღვა

mar

კუნძული

illa

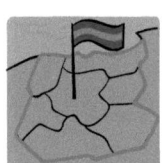

ერი

nació

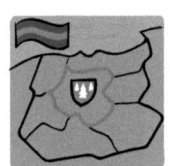

სახელმწიფო

estat

საათი

rellotge

ციფერბლატი

quadrant

საათების ისარი

agulla de les hores

წუთების ისარი

agulla dels minuts

წამების ისარი

agulla dels segons

რომელი საათია?

Quina hora és?

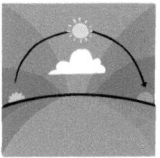

დღე

dia

დრო

temps

ახლა

ara

ციფრული საათი

rellotge digital

წუთი

minut

საათი

hora

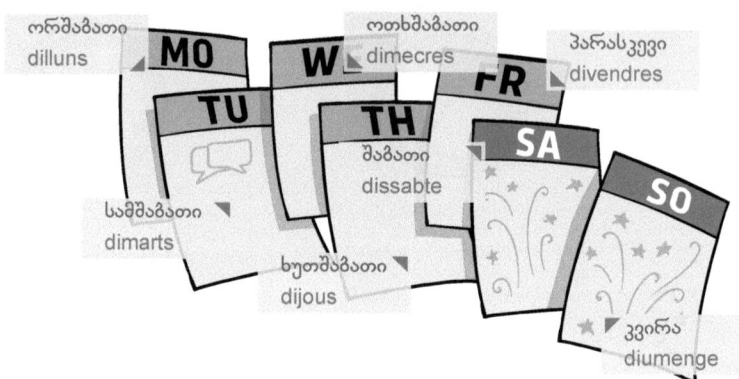

კვირა

setmana

ორშაბათი
dilluns
სამშაბათი
dimarts
ოთხშაბათი
dimecres
ხუთშაბათი
dijous
პარასკევი
divendres
SA
შაბათი
dissabte
კვირა
diumenge

გუშინ

ahir

დღეს

avui

ხვალ

demà

დილა

matí

შუადღე

migdia

საღამო

tarda

სამუშაო დღეები

dia feiner

შაბათი-კვირა

cap de setmana

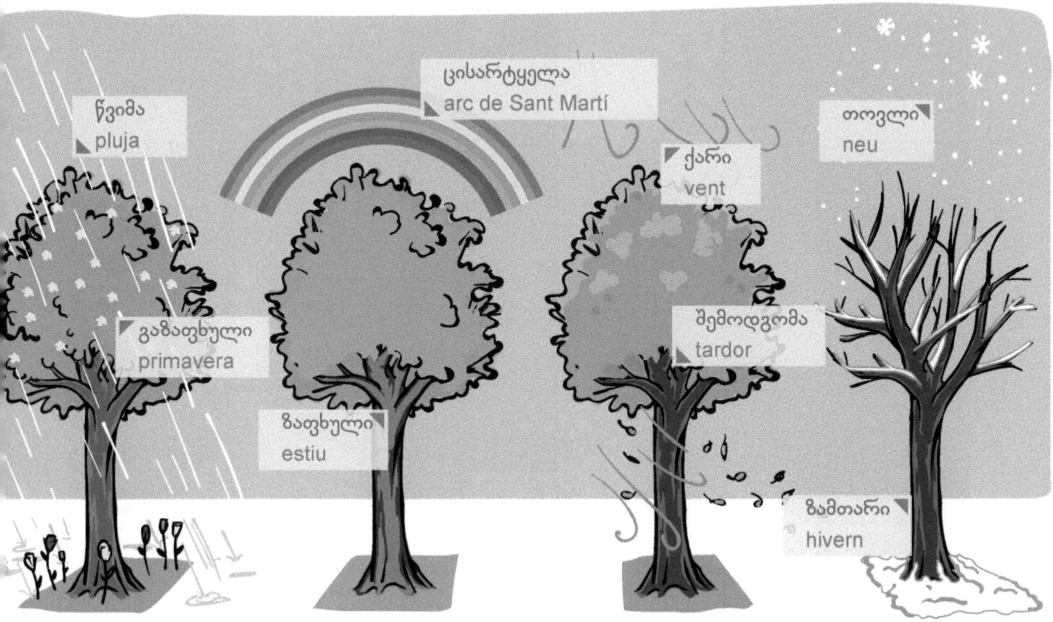

წვიმა
pluja
ცისარტყელა
arc de Sant Martí
თოვლი
neu
ქარი
vent
გაზაფხული
primavera
შემოდგომა
tardor
ზაფხული
estiu
ზამთარი
hivern

4.APRIL 11°
5.APRIL 4°
6.APRIL 13°
7.APRIL 8°
8.APRIL 10°

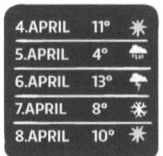

ამინდის პროგნოზი

pronòstic del temps

F C
120 40
90 30
60 20
30 10
0 0
-30 -10
-20

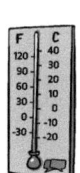

თერმომეტრი

termòmetre

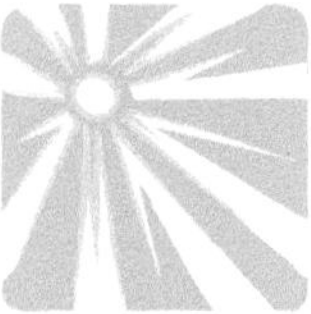

მზის სხივი

llum del sol

ღრუბელი

núvol

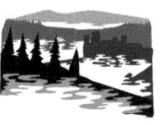

ნისლი

boira

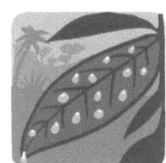

ტენიანობა

humiditat de l'aire

ელვა

llamp

ქუხილი

tro

შტორმი

tempesta

სეტყვა

calamarsa

მუსონი

monsó

წყალდიდობა

inundació

ყინული

gel

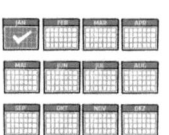

იანვარი

gener

თებერვალი

febrer

მარტი

març

აპრილი

abril

მაისი

maig

ივნისი

juny

ივლისი

juliol

აგვისტო

agost

წელი - any

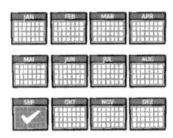

სექტემბერი
....
setembre

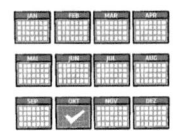

ოქტომბერი
....
octubre

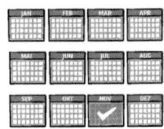

ნოემბერი
....
novembre

დეკემბერი
....
desembre

ფორმები

formes

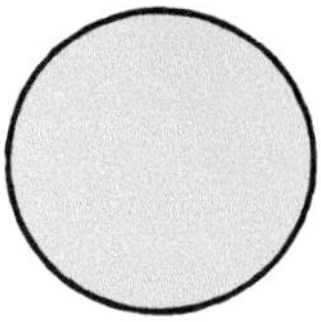

წრე
....
cercle

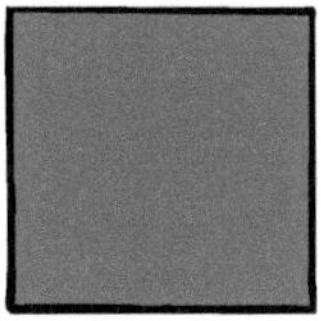

კვადრატი
....
quadrat

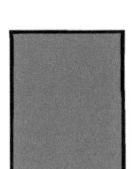

მართკუთხედი
....
rectangle

სამკუთხედი
....
triangle

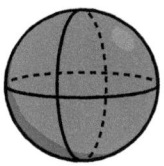

სფერო
....
esfera

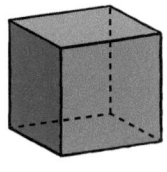

კუბი
....
cub

ფერები

colors

თეთრი

blanc

ყვითელი

groc

ნარინჯისფერი

taronja

ვარდისფერი

rosa

წითელი

vermell

იისფერი

lila

ცისფერი

blau

მწვანე

verd

ყავისფერი

marró

ნაცრისფერი

gris

შავი

negre

ბევრი / ცოტა

molt / poc

გაბრაზებული / მშვიდი

emprenyat / tranquil

ლამაზი / მახინჯი

bonic / lleig

დასაწყისი / დასასრული

començament / fi

დიდი / პატარა

gran / petit

ნათელი / ბუქი

clar / fosc

ძმა / და

germà / germana

სუფთა / ჭუჭყიანი

net / brut

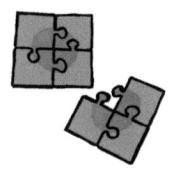

სრული / არასრული

complet / incomplet

დღე / ღამე

dia / nit

მკვდარი / ცოცხალი

mort / viu

განიერი / ვიწრო

ample / estret

საჭმელად ვარგისი / საჭმელად უვარგისი

comestible / immenjable

ბოროტი / კეთილი

dolent / amable

შთამბეჭდავი / მოსაწყენი

entusiasmat / entediat

სქელი / თხელი

gros / prim

პირველი / ბოლო

primer / darrer

მეგობარი / მტერი

amic / enemic

სრული / ცარიელი

ple / buit

მყარი / რბილი

dur / tou

მძიმე / მსუბუქი

pesant / lleuger

მოშიებული / მწყურვალე

gana / set

ავადმყოფი / ჯანმრთელი

malalt / sà

არალეგალური / ლეგალური

il·legal / legal

ინტელექტუალი / სულელი

intel·ligent / ximple

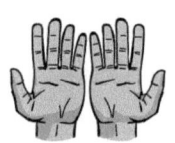

მარცხენა / მარჯვენა

esquerra / dreta

ახლოს / შორს

prop / lluny

ახალი / გამოყენებული

nou / usat

არაფერი / რაღაცა

res / quelcom

მოხუცი / ახალგაზრდა

vell / jove

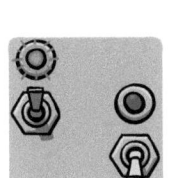

ჩართვა / გამორთვა

encès / apagat

ღია / დახურული

obert / tancat

ჩუმი / ხმამაღალი

silenciós / sorollós

მდიდარი / ღარიბი

ric / pobre

მართალი / მტყვანი

correcte / incorrecte

უხეში / გლუვი

aspre / suau

სევდიანი / ბედნიერი

trist / content

მოკლე / გრძელი

curt / llarg

ნელი / სწრაფი

lent / ràpid

სველი / მშრალი

humit / sec - eixut

თბილი / გრილი

calent / fred

ომი / მშვიდობა

guerra / pau

0	1	2
ნული	ერთი	ორი
zero	u	dos
3	4	5
სამი	ოთხი	ხუთი
tres	quatre	cinc
6	7	8
ექვსი	შვიდი	რვა
sis	set	vuit
9	10	11
ცხრა	ათი	თერთმეტი
nou	deu	onze

12

თორმეტი
dotze

13

ცამეტი
tretze

14

თოთხმეტი
catorze

15

თხუთმეტი
quinze

16

თექვსმეტი
setze

17

ჩვიდმეტი
disset

18

თვრამეტი
divuit

19

ცხრამეტი
dinou

20

ოცი
vint

100

ასი
cent

1.000

ათასი
mil

1.000.000

მილიონი
milió

ენები
llengües

ინგლისური

anglès

ამერიკული ინგლისური

anglès americà

ჩინური მანდარინი

xinès mandarí

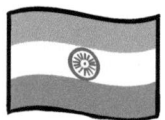

ჰინდი

hindi

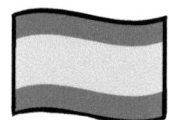

ესპანური

espanyol

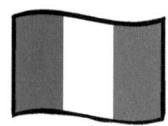

ფრანგული

francès

არაბული

àrab

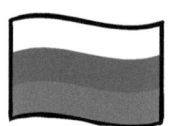

რუსული

rus

პორტუგალიური

portuguès

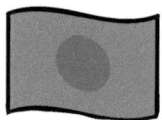

ბენგალური

bengalí

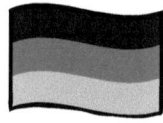

გერმანული

alemany

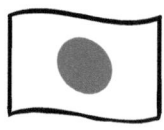

იაპონური

japonès

ვინ / რა / როგორ
qui / què / com

მე

....

jo

შენ

....

tu

ის / ის / იგი

....

ell / ella / allò

ჩვენ

....

nosaltres

თქვენ

....

vosaltres

ისინი

....

ells

ვინ?

....

qui?

რა?

....

què?

როგორ?

....

com?

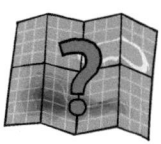

სად?

....

on?

როდის?

....

quan?

სახელი

....

nom

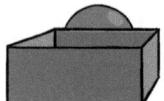

სად

on

უკან

darrere

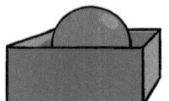

შიგნით

en

წინ

davant de

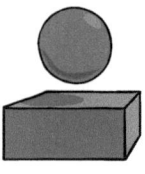

ზედ

damunt

=-ზე

sobre

ქვეშ

sota

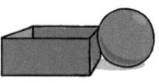

გვერდით

al costat

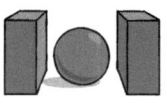

შორის

entre

ადგილი

lloc